curiosidad por

LOS TIBURONES BLANCOS

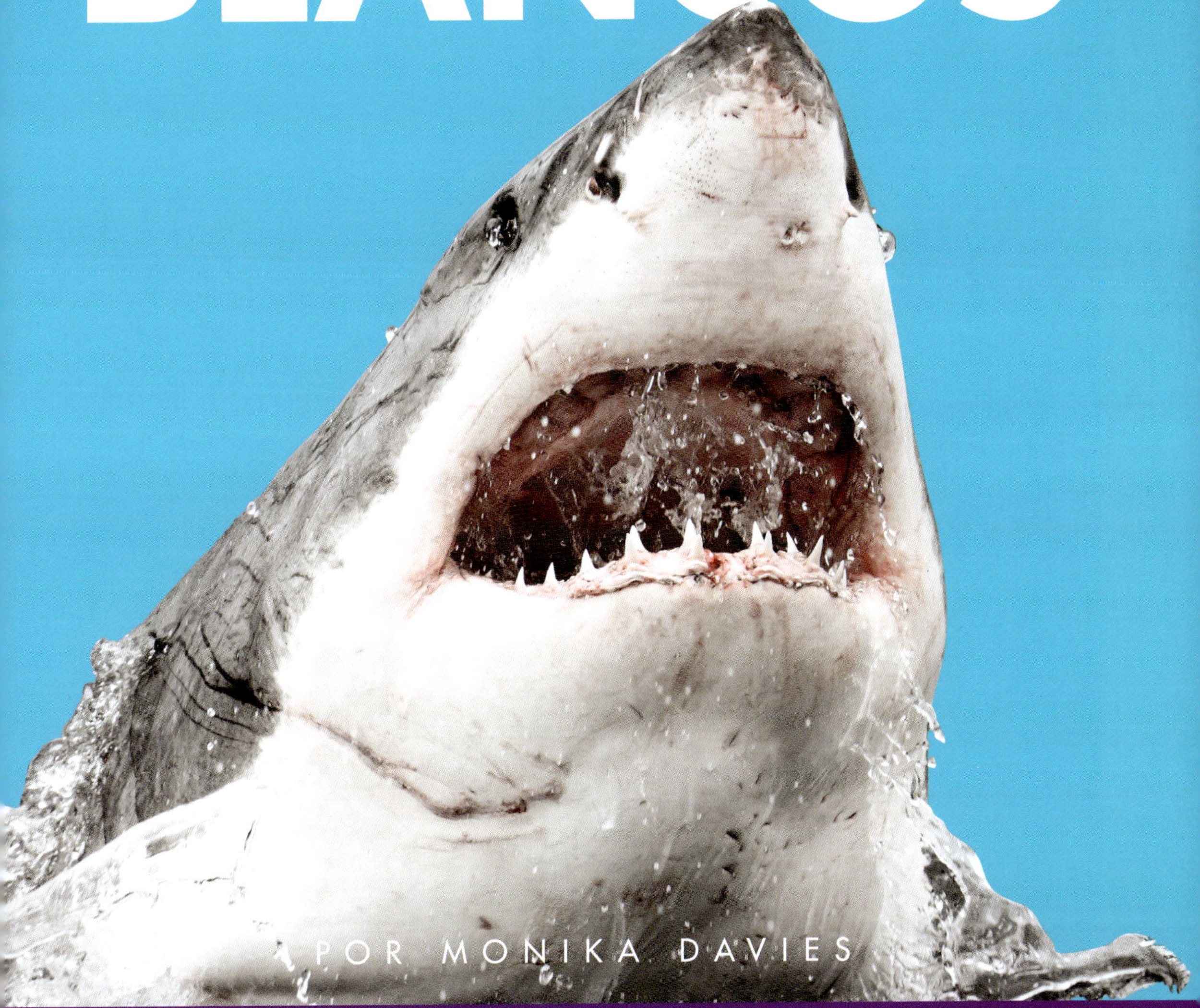

POR MONIKA DAVIES

AMICUS LEARNING

¿Qué te causa

1

CAPÍTULO UNO

Conoce al gran tiburón blanco

PÁGINA

4

2

CAPÍTULO DOS

Comportamiento del gran tiburón blanco

PÁGINA

10

curiosidad?

3

CAPÍTULO TRES

Vida en el océano

PÁGINA
16

¡Mantén tu curiosidad! 22
Glosario 24
Índice 24

Curious About está publicado por
Amicus Learning, un sello de Amicus.
P.O. Box 227
Mankato, MN 56002
www.amicuspublishing.us

Editora: Ana Brauer
Diseñadora de la serie: Kathleen Petelinsek
Diseñadora del libro e investigadora fotográfica: Sara Hood

Library of Congress Cataloging-in-Publication Data
Names: Davies, Monika, author.
Title: Curiosidad por los tiburones blancos / by Monika Davies.
Other titles: Curious about great white sharks. Spanish
Description: Mankato, MN : Amicus Learning, an imprint of Amicus, [2026] | Series: Curiosidad por los tiburones | Includes index. | Audience: Ages 6–9 | Audience: Grades 2–3 | Summary: "Where do great white sharks live? Are they endangered? Learn about this giant ocean apex predator in this Spanish question-and-answer book for elementary-aged readers. Translated into North American Spanish. Includes infographics, table of contents, glossary, and index"—Provided by publisher.
Identifiers: LCCN 2024052107 (print) | LCCN 2024052108 (ebook) | ISBN 9798892006842 (library binding) | ISBN 9798892007443 (paperback) | ISBN 9798892008044 (ebook)
Subjects: LCSH: White shark—Juvenile literature.
Classification: LCC QL638.95.L3 D3718 2026 (print) | LCC QL638.95.L3 (ebook) | DDC 597.3/3—dc23/eng/20241223

Créditos fotográficos: Alamy Stock Photo/Chris & Monique Fallows, 13, David Fleetham, 9, Frank Pey, cover, 1, Pascal Kobeh, 6–7, Reinhard Dirscherl, 10–11, WaterFrame_dpr, 2, 14–15; Getty Images/by wildestanimal, 2, 5, 18–19, Chris Clor, 16, Ken Kiefer 2, 3, 20–21, Taken by Andrew Thirlwell, 17; Shutterstock/BW Folsom, 8, xiaorui, 8; The Noun Project/Adrien Coquet, 22, Delwar Hossain, 22, IronSV, 23, Yosua Bungaran, 23; Vecteezy/om1947, 7

Impreso en India

CAPÍTULO UNO

1

¿Por qué se lo llama gran tiburón blanco?

Es "grande" de tamaño. La mayoría de los tiburones hembras pueden medir hasta 16 pies (4.9 metros) de largo. Los machos pueden medir hasta 13 pies (4 m) de largo. Su vientre blanco les da su nombre. Los tiburones blancos son super **depredadores**. Están en la cima de la cadena alimentaria del océano.

¿SABÍAS QUE...?

Los grandes tiburones blancos también se llaman jaquetones. Mucha gente los llama simplemente tiburón blanco.

Los tiburones blancos
pueden vivir hasta 70 años.

¿Puedo nadar con uno?

Tal vez, pero no es recomendable. Los tiburones blancos nadan en todos los océanos. Les gusta permanecer en aguas cálidas cerca de la tierra. Allí es donde encuentran abundante comida. Los tiburones blancos no suelen comer humanos. Pero es más seguro evitar a estos cazadores fuertes y curiosos.

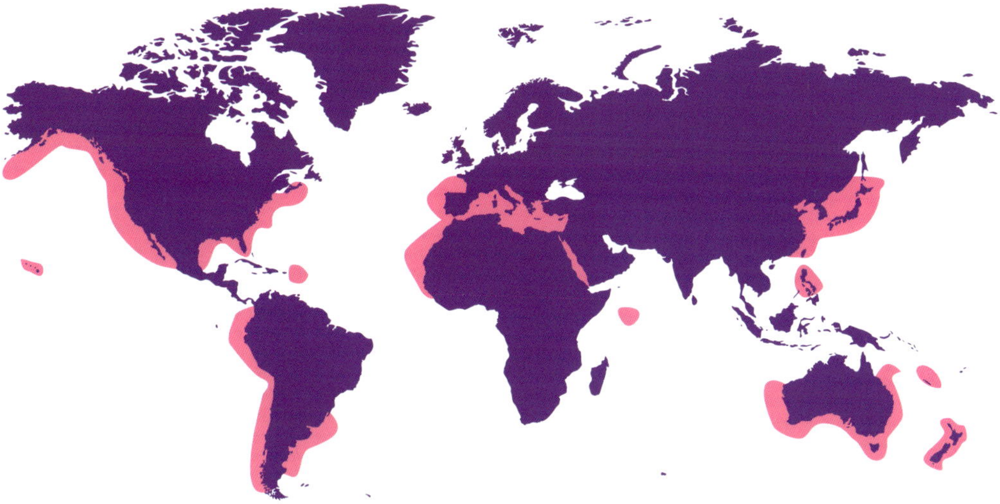

Distribución del gran tiburón blanco

Algunos buceadores están entrenados para nadar con tiburones. Saben cómo mantenerse a salvo.

¿Cuántos dientes tienen los tiburones blancos?

¡Más de 300! Los tiburones blancos tienen una dentadura afilada y prominente. Sus dientes están dispuestos en siete filas. Tienen un borde similar al de una sierra. Los tiburones blancos usan sus dientes para romper huesos y cortar a sus **presas**.

¿SABÍAS QUE...?

Cada diente de un gran tiburón blanco mide 2.5 pulgadas (6.4 centímetros) de largo. Es aproximadamente el mismo tamaño que la parte superior de una lata de refresco.

A los tiburones les crecen dientes nuevos a lo largo de su vida. Cuando se les cae un diente, les crece uno nuevo.

CAPÍTULO DOS 2

¿Cómo cazan los tiburones blancos?

Los tiburones blancos tienen el mejor sentido del olfato de todos los tiburones.

Los tiburones blancos utilizan sus agudos sentidos para cazar. Pueden detectar presas en la oscuridad. Sus oídos pueden captar pequeños movimientos cercanos. Los tiburones blancos también tienen un gran sentido del olfato. ¡Pueden oler una gota de sangre a aproximadamente 0.25 millas (0.40 kilómetros) de distancia!

¿Qué comen los tiburones blancos?

¡Los tiburones blancos no son muy exigentes con la comida! Los tiburones bebés suelen comer peces, calamares y tiburones más pequeños. Los tiburones adultos se alimentan de **mamíferos** más grandes. Su menú suele incluir focas y leones marinos. A veces, los tiburones saltan fuera del agua para atrapar su cena.

El salto de un tiburón fuera del agua se llama salto Polaris.

¿Los tiburones blancos son de sangre fría?

La mayoría de los tiburones son de **sangre fría**. Su temperatura corporal coincide con la del agua en la que nadan. ¡Pero los tiburones blancos son de **sangre caliente**! Pueden hacer que su cuerpo esté más caliente que el océano. Esto les da **energía** adicional para cazar.

Los tiburones blancos pueden cazar en aguas frías o cálidas porque son de sangre caliente.

CAPÍTULO TRES

¿Cómo crecen las crías del gran tiburón blanco?

¡Solas! Los tiburones blancos pueden tener una camada de hasta 10 crías. Pero estos tiburones bebés no se quedan con su madre después del nacimiento. De hecho, ¡nadan lejos de ella por si se los come!

¿SABÍAS QUE...?
Una cría de tiburón blanco mide alrededor de 5 pies (1.5 m) de largo. ¡Es el tamaño de una bañera estándar!

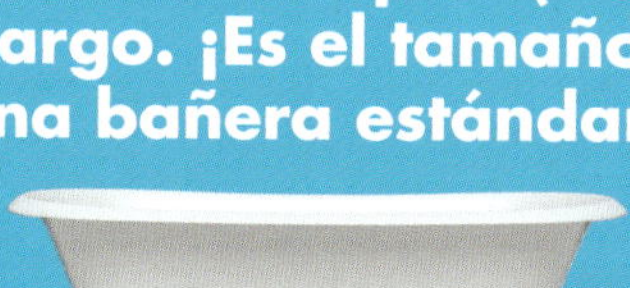

Los tiburones se consideran adultos después de 10 a 16 años.

¿Los tiburones blancos duermen?

Los científicos creen que los tiburones solo duermen durante 10 minutos cada vez.

No como nosotros. ¡Simplemente siguen nadando! Los tiburones blancos obtienen oxígeno a través de sus **branquias** mientras se mueven por el agua. Los tiburones no cierran los ojos para dormir. Pero parece que duermen. Para descansar, abren la mandíbula. Luego se dejan llevar lentamente.

¿Los tiburones blancos están en peligro de extinción?

Los tiburones blancos no cazan humanos. Normalmente, solo muerden cuando sienten curiosidad.

¿SABÍAS QUE...?
La película *Jaws* (1975) mostraba a los tiburones blancos como cazadores aterradores. Algunas personas comenzaron a cazarlos por miedo. Esto provocó que la población de tiburones disminuyera.

No, pero son **vulnerables**. Esto significa que necesitan protección. Los tiburones blancos son los principales depredadores de los mares. Pero sus mayores enemigos son los humanos. Los humanos a veces los cazan por sus aletas o sus dientes. En 1994, se volvió ilegal capturar o matar tiburones blancos en California.

¡MANTÉN TU CURIOSIDAD!

HAZ MÁS PREGUNTAS

¿Cómo nacen las crías del gran tiburón blanco?

¿Cuál es el mejor lugar para ver un gran tiburón blanco?

Prueba con una PREGUNTA GRANDE: ¿Qué se está haciendo para proteger a los tiburones blancos?

BUSCA LAS RESPUESTAS

Busca en el catálogo de la biblioteca o en Internet.
Pueden ayudarte tus padres, un bibliotecario o un maestro.

Usar palabras clave
Busca la lupa.

Las palabras clave son las palabras más importantes de tu pregunta.

?

Si quieres saber sobre:

- el nacimiento de los grandes tiburones blancos, escribe: CRÍAS DE GRAN TIBURÓN BLANCO
- dónde encontrar un gran tiburón blanco, escribe: UBICACIONES DEL GRAN TIBURÓN BLANCO

GLOSARIO

branquia Parte del cuerpo que utiliza un pez para respirar bajo el agua.

de sangre caliente Que tiene una temperatura corporal que permanece estable y cálida, sin importar cuál sea la temperatura exterior.

de sangre fría Que tiene una temperatura corporal que cambia con la temperatura del aire o del agua.

depredador Un animal que come otros animales para alimentarse.

energía La capacidad de moverse o estar activo.

mamífero Un tipo de animal que alimenta a sus crías con leche y a menudo tiene la piel cubierta de pelo o pelaje.

presa Un animal que es cazado por otro animal para alimentarse.

vulnerable Especie que se considera que enfrenta un alto riesgo de extinción en estado silvestre.

ÍNDICE

alimento, 4, 12
crías, 12, 16
dientes, 8–9, 21
distribución, 7
dormir, 18–19
sangre fría, 14, 15
sentidos, 11
tamaño, 4, 8, 16
Tiburón, 21

Acerca de la autora

Monika Davies es una autora canadiense que ha escrito más de 60 libros para lectores jóvenes. Cree que los tiburones son fascinantes, ¡y espera que tú estés de acuerdo con ella! Cuando Monika no está escribiendo, la puedes encontrar paseando por la orilla del mar, leyendo libros demasiado rápido o intentando mantener con vida sus siete plantas.